AF339593

NOUS Y VOILA !

PREMIÈRE A UN ALLOBROGE

PAR

GIL PÉRÈS

BAR-LE-DUC. — TYPOGRAPHIE DES CÉLESTINS

—

PARIS. — BLOUD ET BARRAL, LIBRAIRES
30, RUE CASSETTE, 30

—

1876

NOUS Y VOILA !

PREMIÈRE A UN ALLOBROGE

PAR

GIL PÉRÈS

BAR-LE-DUC. — TYPOGRAPHIE DES CÉLESTINS

—

PARIS. — BLOUD ET BARRAL, LIBRAIRES

30, RUE CASSETTE, 30

—

1876

A MON IMPRIMEUR.

————

Mon cher ami,

J'ai sérieusement hésité avant de vous adresser ces quelques pages.

Vous savez que nous avons, nous Montagnards, une façon de parler que tout le monde n'accepte pas, dans notre siècle de compromis et d'euphémismes hypocrites. Cela fait que nous nous condamnons souvent à garder le silence, pour éviter de nous prendre aux chéveux avec nos interlocuteurs.

Vos idées et les miennes n'ont pas toujours fait bon ménage ensemble, et il vous est arrivé plus d'une fois de me dire très-carrément : « Je ne pense pas comme vous ».

Nous n'avons pas cessé néanmoins de vivre en bonne intelligence. Il vous est même arrivé de corriger mon style, lorsque je vous combattais, ne voulant pas, disiez-vous, que l'on vous malmenât en mauvais français.

Je viens donc vous prier de me prêter le concours de vos presses, tout en vous laissant la liberté de médire de mon travail, si cela vous plaît.

Je fais mieux, je vous dédie cet opuscule, sans parler de ceux qui le suivront.

Vous serez indulgent pour mes phrases heurtées. Cela manque de mélodie, j'en conviens, mais nous n'avons été bercés ni l'un ni l'autre au souffle harmonieux des brises.

Je vous serre la main.

Votre ami, GIL PÉRÈS.

I.

Nous y voilà !

Les empiriques de la démocratie sont arrivés à leur but. La France nage en plein radicalisme. L flot communeux monte, monte toujours et menac de submerger le pouvoir lui-même.

M. Buffet a disparu.

Les Conservateurs ne feront pas de longue doléances sur le sort de M. Buffet ; car si la ré publique a été proclamée à la majorité d'une voi c'est à lui qu'ils le doivent.

A l'instar de messieurs les Ducs, l'ancien prési dent de la Chambre s'imaginait que l'orléanisme allait sortir armé de pied en cap de la boîte à surprise qu'on nomme la république. Erreur messieurs les Ducs et M. Buffet auraient dû sa voir que cette fameuse boîte n'a jamais été et n sera jamais que la boîte de Pandore.

Il n'y a plus de doute, nous touchons au dénouement du drame, puisqu'un des acteurs est déjà noyé.

Messieurs les Ducs surnagent encore, mais une raffale ne tardera pas à les balayer.

II.

Les Conservateurs, façon Prudhomme, un moment frappés de stupeur, se reprennent à espérer.

La confiance de M. Prudhomme est cuirassée de candeur.

Vous verrez qu'après avoir été battu de nouveau, sur toute la ligne, l'excellent bourgeois ne perdra rien de son optimisme, et qu'il ira chercher dans les replis de sa logique des motifs de consolation auxquels personne ne songeait.

Pressentant l'avenir, en homme qui a du flair, il éprouve le besoin de flatter Gambetta ; il va jusqu'à supposer que l'*Horatius Coclès* de la démocratie sera le *rempart inexpugnable de l'ordre et le protecteur de la famille.*

Un moment viendra peut-être où les citoyens Barodet et Germain Casse lui paraîtront aussi doux que des moutons.

M. Prudhomme ne sortira de sa quiétude que

le jour où les innocentes victimes de Nouméa, revenant à Paris, l'étoile de Greppo pâlira devant celle de Robert Macaire.

M. Prudhomme a des rentes, qu'il a gagnées dans le commerce des épices, des parapluies ou de la bonneterie. Il affirme, de plus, avoir des convictions. C'est là un point qui me paraît douteux. M. Prudhomme est, au contraire, un voltairien mâtiné d'ignorance et de sotte vanité.

De cet ensemble de qualités ou de défauts résulte un fait assez peu flatteur pour M. Prudhomme, c'est qu'il sera l'éternel dindonneau que plumeront les ambitieux de la pègre démagogique.

M. Prudhomme, après avoir été dépouillé de ses rentes, de sa femme et de son parapluie, n'en conservera pas moins ce stygmate de naïveté solennelle qui le caractérise.

Il continuera à prêter l'oreille aux sinistres farceurs que nous connaissons, et à se méfier de son curé.

Bonne chance, M. Prudhomme !

Encore quelque temps, et vous verrez le bénéfice que peut avoir le bourgeois godelureau à *débiner* le *cléricalisme*, et à déclamer, en dégustant son pot-au-feu, contre les pèlerinages et la liberté de l'enseignement supérieur.

Je ne sais si je me trompe, mais je parierais

cent francs contre un demi centime qu'avant le mois de juin 1876, les consommés de votre ménagère se ressentiront de l'heureuse influence de nos *immortels principes*, et auront une vague ressemblance avec les bouillons allongés des restaurants à seize *sous*.

III.

La majorité de la chambre se compose de radicaux plus ou moins intransigeants.

Rien du Centre gauche !

Les godiches de cet ancien groupe, dans lequel se personnifiait M. Prudhomme, ont disparu d'une manière à peu près complète.

La démocratie les a mis au rancart.

Il reste bien Léon Say, Dufaure et Léon Renault ; mais ils ne feront pas long feu.

Après avoir vécu ce que vivent les roses, ces derniers représentants de la république modérée iront rejoindre les vieilles lunes qui leur servaient de satellites, à moins qu'ils n'emboîtent le pas aux radicaux, ce qui me semble difficile ; car M. Dufaure est trop vieux pour supporter les marches forcées et Léon Say a trop de ventre.

IV.

Quelle sera l'attitude des ministres en présence de la majorité ?

On peut affirmer, sans être prophète, qu'ils n'affecteront pas des poses de vainqueur.

N'importe ! Leur feinte humilité ne servira de rien. Quoi qu'ils fassent, une crise ministérielle éclatera sous peu.

C'est alors que naîtront pour le Maréchal d'inextricables difficultés.

S'il fait appel au DÉVOUEMENT des gauches, son gouvernement cessera par là même d'être conservateur. S'il choisit ses ministres parmi les membres de la minorité, il méconnaîtra une des règles les plus élémentaires du parlementarisme et la situation ira en empirant.

Restera la dissolution comme ressource *in extremis*.

Oui, sans doute, mais ce moyen de pacification est en général peu efficace.

Quatre-vingt-dix-neuf fois sur cent, le pays inflige un blâme catégorique au pouvoir exécutif en lui renvoyant les mêmes hommes.

Pendant que ces tiraillements auront lieu, l'industrie chômera, le commerce sera sur les dents et les rentes de M. Prudhomme baisseront d'une manière alarmante. L'ouvrier, qui rêvait du paradis terrestre en votant pour Clémenceau et Barodet, n'aura plus de travail, et méditera des projets de vengeance contre les *cléricaux*, qui ne seront pour rien dans sa détresse.

Le peuple souverain de la Ville-Lumière regardera de mauvais œil M. Prudhomme lui-même, et M. Prudhomme, dans son épouvante, ne songera plus à invoquer la *majesté des lois* et à parler des *droits imprescriptibles* de la famille.

Comme aux jours de la Commune, l'intrépide bourgeois se munira d'un passe-port et prendra le premier train qui partira pour Quimper-Corentin ou Brives-la-Gaillarde. Mais là encore M. Prudhomme ne jouira pas d'une sécurité parfaite ; car le radicalisme a envahi ces villes patriarcales.

V.

Poussé par les exigences du parti radical, dont le programme est de bouleverser nos institutions et de persécuter le catholicisme, à l'exemple de la Suisse et de nos bons amis les Prussiens, le Maréchal se décidera-t-il à faire un coup d'Etat ?

Il aurait, pour justifier sa conduite, le fameux aphorisme de Napoléon III, aphorisme que tout le monde connaît et que l'ex-empereur formula en ces termes : *Je suis sorti de la légalité pour rentrer dans le droit*. Mais, étant donné le caractère de Mac-Mahon, on ne peut ni craindre ni espérer une éventualité de ce genre.

— Eh bien, alors ?

— Eh bien, alors, de deux choses l'une : ou il se fera le très-humble serviteur de la majorité, ou il cèdera le pouvoir à un homme politique moins scrupuleux que lui.

La première de ces deux hypothèses me semble peu probable.

Force m'est donc d'admettre la seconde.

VI.

Le génois de Cahors peut être considéré comme le successeur probable du duc de Magenta. M. Prudhomme s'y attend un peu. Il se console de l'événement qui le menace, en pensant à part lui que si Gambetta prend des allures démagogiques, c'est uniquement pour flatter le populaire, et qu'il n'en reste pas moins conservateur.

On prétend, en effet, rue du Sentier, que, depuis 1870, le futur président de la république ne manque pas de linge. On va même jusqu'à parler de la villa que ses ascendants ont fait construire à Nice, preuve palpable que le régime républicain n'a rien de menaçant pour le droit de propriété. M. Prudhomme rappelle, en outre, avec un orgueil mal contenu, que le girofle et la cannelle ont embaumé le berceau du *grand orateur* et ne sont probablement pas étrangers à sa fortune politique.

Par malheur ces divers motifs de sécurité reposent sur une base peu solide, attendu que Bilboquet et Robert Macaire n'aiment pas les gens qui ont pignon sur rue.

L'ex-culotteur de pipes n'ira guère au-delà de six mois. Spuller deviendra suspect et Challemel le *fusillard* sera traité de *mufle*.

Il n'est pas jusqu'au beau Floquet qui finira par être impopulaire, à cause de son chapeau et des soins scandaleux qu'il donne à sa chevelure.

Ce sera le tour de Greppo, de Marcou et autres célébrités de la même école. Mais ces grands citoyens dureront tout au plus l'espace de trois lunes : les aimables colons de Nouméa viendront les remplacer.

VII.

Passons à autre chose.

Je ne parle pas de la vérification des pouvoirs, ni des incidents plus ou moins scandaleux qui l'accompagneront. C'est un détail qui nous intéresse peu.

Tout est réglé, sous ce rapport. Supposons que la lessive est faite et que le linge parlementaire est d'une blancheur irréprochable.

Nos représentants sont à leur poste et vont s'occuper des grands intérêts de la patrie.

La chambre est houleuse comme la mer aux jours d'orage. Une forte odeur de pipe s'échappe de son enceinte et monte jusqu'aux tribunes.

Par où commencer ? Par où finir ?

La miséricorde républicaine l'emporte sur les affaires et un Madier quelconque s'élance à la tribune :

« L'amnistie, citoyens, je viens réclamer
« l'amnistie. — Des hommes vertueux, mais qui
« n'ont pas eu de chance, gémissent, depuis
« quatre ans, sur les côtes inhospitalières de
« Nouméa. — (Bravos répétés). Un pouvoir sans
« entrailles (quelques voix à droite : non, non. —
« A gauche : si, si), un pouvoir sans entrailles
« les a violemment arrachés à leurs familles,
« sans se préoccuper des larmes amères qu'allait
« faire couler cette mesure tyrannique (gro-
« gnements à droite. — Applaudissements ré-
« pétés à gauche). Je demande qu'on mette un
« terme à cet état de choses et qu'on nous rende
« enfin nos frères malheureux ! » (Triple salve d'applaudissements. — Bravos prolongés.)

Clémenceau, Barodet, Brelay et Cie proposent

de voter une indemnité au profit des honorables déportés et de leurs familles.

Un autre membre de l'extrême gauche se lève et fait une motion, à l'effet d'obtenir que cette indemnité soit payée tout entière par les bourgeois *réac* dont les immeubles ont flambé à l'instar des *Finances*.

Le projet de loi est adopté, ainsi que les amendements.

M. Prudhomme, qui assiste à la séance, pâlit et se trémousse sur son siége, en voyant la tournure que prennent les choses! Diable! murmure-t-il tout bas, mais où donc veulent-ils en venir?...

Et dire que Gambetta, l'espoir des conservateurs, n'a pas même dit un seul mot pour combattre ces théories subversives! Après ça, il peut se faire qu'il ait d'excellentes raisons pour garder le silence ; car il n'est pas possible de supposer qu'un homme aussi éminent hésite à prendre la défense de la famille et de la propriété.

Mme Prudhomme, qui entend son époux marmoter entre ses dents et qui n'a pu saisir que quelques mots du monologue dont nous venons de faire l'analyse, se retourne vers lui, le regard effaré, et lui demande si les orateurs qui ont successivement occupé la tribune se sont permis des propos inconvenants. — Mais non, Bibiche, répond M. Prudhomme. Seulement... Plus tard, ma chère amie, je t'expliquerai cela... La famille, la propriété,... ça devrait être sacré.

— Paraît que ces gens-là sont tous célibataires, puisqu'ils attaquent la famille.

M. Prudhomme n'entend pas cette dernière réflexion de sa pudique moitié. Il semble plongé dans une profonde rêverie. Il se demande si la police qu'il a passé avec la *Nationale* (compagnie d'assurances contre l'incendie) est suffisamment en règle.

Quelques mois après cette séance mémorable, les victimes de la Commune rentreront à Paris, la haine dans le cœur et la menace aux lèvres. M. Prudhomme sera de plus en plus songeur ; car, dans l'intervalle, des symptômes non moins significatifs se sont manifestés à la chambre et ailleurs.

On a discuté à la tribune, avec une vivacité inconnue jusqu'alors, la grave question de l'enseignement primaire. On ne veut plus de congréganistes, quel que soit le sexe auquel ils appartiennent.

Le jour où les citoyens intransigeants montèrent à l'assaut des écoles cléricales, M. et Mme Prudhomme arrivaient à midi sonnant dans la cour du Maroc. A midi et quelques minutes ils étaient à leur poste, attendant avec impatience l'ouverture des débats.

Tout présageait une tempête.

Plusieurs discours empreints de fanatisme furent successivement entendus et couverts d'applaudissements.

Vers le milieu de la séance, un orateur, nuance Clémenceau, voulant porter un dernier coup aux doctrines ultramontaines, ne craignit pas d'afficher un matérialisme abject.

M. Prudhomme, dont le voltairianisme mitigé est naturellement antipathique aux excès de langage, s'étonne de la hardiesse avec laquelle on ose exposer de semblables théories dans le *temple des lois*. Il comprend d'une manière instinctive tout ce que la suppression de l'âme peut avoir de dangereux pour l'ordre social.

Ces gens-là vont trop loin, répète-t-il avec amertume. Je suis d'avis, sans doute, qu'il faut arrêter les empiétements du clergé ; ça été toujours dans mes principes. Mais corriger et supprimer ne sont pas la même chose.

M. Prudhomme en était là de ses réflexions, lorsque l'énergumène qui occupait la tribune, voulant frapper un dernier coup, apporta, à l'appui de sa thèse, l'autorité d'un savant de notre époque, actuellement professeur à la Faculté de Montpellier.

« Permettez-moi, citoyens », s'écria-t-il, « de « vous citer un homme qui a blanchi sous le

« harnais et dont le système scientifique est
« appelé à un brillant avenir. Voici comment
« s'exprime, au sujet de la question qui nous
« occupe, l'éminent M. Rouget :

Il n'y a pas de différence, dit-il, *entre l'homme et
l'animal. L'intelligence est un phénomène purement
cérébral... Un orang-outang est plus intelligent
qu'un naturel de la terre de Van-Diémen.*

« Voilà qui est précis. — Si donc, citoyens,
« l'âme humaine n'existe pas, vous devez sup-
« primer dans nos écoles toute espèce d'ensei-
« gnement religieux ».

Un immense hourrah retentit dans la salle.
L'orateur étant descendu de la tribune, les *sans-
âme* de la gauche se précipitèrent vers lui et l'étrei-
gnirent tendrement.

La séance fut suspendue. Pendant cet inter-
mède des conversations animées s'établirent dans
les tribunes.

Madame Prudhomme, qui avait parfaitement
saisi le lambeau de discours que nous venons
de citer, était dans un état voisin de la stupé-
faction.

— Ainsi donc, disait-elle tout haut, s'il faut s'en
rapporter aux affirmations des savants, nos
respectables ancètres auraient appartenu...

— A la famille des singes, reprit un voisin de
la digne compagne à M. Prudhomme.

2*

« Autrefois, Madame », continua l'interlocuteur, « il n'y avait que des singes. L'homme était inconnu. Dieu les avait-il créés ? Etaient-ils eux-mêmes sortis du néant, sans le secours d'un tiers ? C'est une question que M. Rouget n'a pas cru devoir résoudre.

« Quoi qu'il en soit, je ne sais plus dans quel pays du monde, un de ces mammifères se prit subitement d'un bel amour pour le progrès..

« C'était une forte tête, un *philosophe* probablement.

« Le travail du noble animal réagit en lui sur l'organe de la pensée, et le singe réformateur attrappa un rhume de cerveau.

« Ses voisins et ses amis, surpris de son état, se mirent aussi à réfléchir, ce que, peut-être, ils n'avaient jamais fait.

« Mêmes efforts et mêmes résultats.

« A partir de ce moment, chaque singe d'éternuer. Or, comme la cause du mal avait un caractère permanent, l'indisposition des bêtes progressistes fut de longue durée.

« Ce rhume de cerveau eut pour effet d'allonger, on ne peut plus gentiment, le nez des quadrumanes.

« Puis, sous l'action continue de la pensée, leur front s'élargit et s'éleva. L'homme commençait à se révéler dans le singe.

« Il est regrettable que la race simienne tout entière n'ait pas tenté de sortir, par un effort sublime d'intelligence et de volonté, de l'état primitif où la plupart de ses membres sont encore plongés.

« Peu à peu ces bêtes intéressantes sentirent le besoin de vivre en société.

« Mais toute collection d'individus, unis entre eux par un lien social, suppose une constitution.

« D'où il faut conclure, Madame, qu'un singe de génie apparut vers l'époque dont nous parlons, et mit la dernière main, — j'allais dire la dernière patte, — à l'œuvre admirable de ses devanciers. Précurseur de J.-J. Rousseau, il écrivit un *contrat social* qui devait être la base fondamentale des institutions politiques de son pays.

« Les singes durent se réunir et faire choix d'un souverain, ou peut-être même d'un simple président, la forme républicaine étant celle qu'adoptent de préférence les peuples enfants et les peuples dégénérés, comme l'affirment tout à la fois l'histoire et les voyageurs.

(Ici M. Prudhomme, qui prêtait l'oreille et suivait de son mieux l'étrange dissertation du voisin de sa femme, fit un haut-le-corps qui indiquait l'étonnement.)

L'interlocuteur de Mme Prudhomme continua :

« Je retrace à grands coups de pinceaux », dit-il, « l'histoire de cette merveilleuse transformation des ancêtres de M. Rouget et de M. Littré.

« Quand et comment la famille des singes parvint-elle à inventer la parole ? Je l'ignore absolument.

« Une partie seulement de ces bêtes prédestinées marchait résolument vers la civilisation. Ce que l'on nomme de nos jours la plus belle moitié du genre humain n'avait rien de séduisant, et je doute fort que les singes fussent flattés de partager le gouvernement de la famille avec des êtres aussi disgracieux.

« De toutes parts on sentit le besoin d'améliorer mesdames les guenons.

« Au moyen d'un instrument fort ingénieux, des praticiens habiles parvinrent à rendre aquilins les museaux aplatis de ces dames.

« Un savant chimiste, dont l'histoire a négligé de conserver le nom, inventa un cataplasme épilatoire qui fit disparaître de leurs joues le duvet peu séduisant qui les défigurait.

« Leur teint n'était pas d'une blancheur irréprochable, mais on découvrit les inappréciables propriétés de la pâte d'amande, et l'épiderme, naguère noir des guenons à la mode, ne tarda pas à changer de nuance.

« On vous rogna les griffes, Mesdames, avec une pierre à fusil bien tranchante, les métaux n'étant pas encore connus.

« Un chirurgien célèbre parvint à vous débarrasser, je ne sais plus comment, de l'appendice peu gracieux que vous savez.

« De magnifiques cheveux remplacèrent les vilains poils dont votre crâne était couvert, grâce à l'invention d'un élixir merveilleux que l'on avait perdu, dans la suite des âges, mais que l'on a retrouvé sous le nom d'*eau de Lob*.

« La transformation était consommée. Depuis lors, madame, toutes choses, vous le savez, sont allées en progressant.

« De somptueuses draperies ne tardèrent pas à remplacer le vêtement beaucoup trop primitif de vos aïeules, et, de nouveautés en nouveautés, vous en êtes venues aux colifichets que vous portez.

(Ici, le voisin de Madame Prudhomme fit une pause; puis il continua.)

« Ce système philosophique », ajouta-t-il gravement, « est fort original, mais il date de loin.

« MM. Rouget, Littré et leurs disciples ne sont que les continuateurs de quelques écrivains du xviii° siècle.

« L'un d'entre eux est même allé plus loin, car

il a prétendu que notre premier père appartenait à la famille des marsouins ».

A ces mots, un prodigieux étonnement se peignit sur les traits de M. et de Mme Prudhomme. L'un et l'autre, jusqu'à ce jour, s'étaient attribué une origine plus respectable.

Après quelques instants, M. Prudhomme rompit le silence et déclara que les opinions du préopinant lui semblaient un peu risquées, et, au surplus, de nature à porter atteinte à la dignité de la famille.

Sur ces entrefaites l'assemblée rentrait en séance et décidait, à la majorité de six voix, que désormais l'enseignement serait *gratuit, laïque* et *obligatoire*.

« Cette loi en appelle une autre », reprend le facétieux voisin de Mme Prudhomme.

« Et laquelle donc ? » demande aussitôt l'honnête bourgeois, avec l'accent d'un homme qui redoute une catastrophe.

— « La chambre vient de proclamer la déchéance du père de famille, qui, à l'avenir, n'aura plus le droit d'inculquer à sa progéniture les préjugés qu'il a reçus en héritage.

« L'enfant devient la propriété de la république. A partir de ce moment, l'Etat se chargera de la nourriture intellectuelle de nos embryons de citoyens.

« C'est beaucoup, et ce n'est pas assez ; car *l'homme ne vit pas seulement de foi, mais aussi d'autre chose*, a dit un vénérable chanoine.

« Le gouvernement sera donc tenu, s'il veut être logique, de prendre l'enfant à sa naissance et de lui procurer *gratuitement* une nourrice. Quand je dis *une* nourrice, je parle d'une manière inexacte, attendu que, pour imprimer à l'éducation des jeunes Français un caractère viril, on chargera des hommes, choisis à cet effet, de donner aux enfants les soins spéciaux que réclame leur âge.

« Le moment est venu d'appliquer la fameuse théorie de *l'homme-nourrice* inventée par les auteurs du phalanstère ».

— « Ces *hommes-nourrices* », hasarda Mme Prudhomme, « seront, je suppose, obligés de recourir à l'emploi du biberon ? »

— « Cela est probable, Madame, à moins que, pour inoculer aux bébés de la république la force musculaire et l'énergie morale qui doivent distinguer un démocrate, on ne recoure à la célèbre pâtée qu'avaient imaginée les anciens et dans laquelle on faisait entrer de la moelle de lion ».

(Ici, Monsieur Prudhomme frissonna de la tête aux pieds.)

« Rassurez-vous », poursuivit l'inconnu, « si la république veut être forte, c'est afin de jouir d'une paix inaltérable.

« Sous l'heureuse influence de la démocratie, on verra se développer, dans des proportions étonnantes, la valeur militaire et le génie stratégique. On ne trouvera pas un soldat qui ne puisse en revendre, le cas échéant, aux plus grands capitaines de n'importe quelle monarchie.

« Il en résultera que les peuples voisins, connaissant notre force et assurés d'avance de leur défaite, s'il leur prenait fantaisie de nous attaquer, se tiendront coi chez eux.

« A la faveur de cette sécurité, la vie de la nation française ne sera plus qu'une longue et souriante églogue. Plus de haine, plus d'antagonisme, plus de guerres civiles.

« Le printemps sera perpétuel, et notre bien-être inaltérable.

« Nous n'éprouverons que de tendres sentiments, les seuls qui ne soient pas indignes du cœur humain. »

Madame Prudhomme, attendrie par cette peinture des mœurs républicaines, ne put s'empêcher de regarder son époux avec émotion. Un lointain souvenir de sa lune de miel lui traversa l'esprit.

Une courte pause suivit la tirade de l'orateur qui, de son côté, paraissait fort ému.

Monsieur Prudhomme fut le premier à rompre le silence.

— « Les espérances que vous nous faites concevoir », dit-il, « sont des plus rassurantes ; mais pourriez-vous nous dire quelle marche vont suivre les événements, avant que nous puissions goûter à la coupe du bonheur dont vous venez de nous parler ? »

— « Rien n'est plus facile.

« La majorité de nos représentants a déclaré aux électeurs républicains qu'elle demanderait :

« 1° La séparation de l'Eglise et de l'Etat ;

« 2° Le retrait de la loi sur l'enseignement supérieur ;

3° Une liberté de conscience plus complète et plus large que celle dont on a joui jusqu'à présent ;

« 4° Une répartition équitable de l'impôt ;

« 5° La réhabilitation de la classe ouvrière ;

« 6° La liberté absolue de la presse, la liberté de réunion et la liberté des cabarets ».

— « Voilà bien des libertés », soupira M. Prudhomme avec inquiétude.

— « Je me suis contenté d'énumérer les principales. Veuillez me prêter encore quelques moments d'attention, et vous en saurez aussi long que moi.

« Nous avons déjà l'amnistie. Les martyrs de la liberté sont de retour au milieu de nous, et c'est à eux qu'appartient l'avenir ».

— « Brrrou ! » fit M. Prudhomme pâlissant.

— « Patience, voici les événements qui doivent s'accomplir, avant que n'arrive l'ère de leur triomphe : La loi qui vient de sortir de l'urne devra être appliquée dans toute son étendue et avec une sévérité vraiment démocratique. — Cependant, comme le peuple souverain est généreux, on procédera avec ordre, poids et mesure.

« Les conseillers municipaux auront le droit d'expulser les frères et les nonnes qui sont chargés en ce moment des écoles communales. Dans quelques localités, pour des raisons diverses, messieurs les administrateurs se feront tirer l'oreille. Il en est parmi eux qui n'ont pas encore secoué les préjugés de leur enfance.

« En ce cas, le conseil municipal sera dissous et remplacé par une commission qui comprendra mieux ses devoirs civiques.

« Si ce moyen ne suffisait pas, il nous resterait une dernière ressource, celle de provoquer un scandale au sein de la communauté récalcitrante, et de la supprimer administrativement.

« La fin justifie les moyens, quand il s'agit du bonheur d'un peuple.

« Comme dans une république bien entendue, il faut avant tout pratiquer l'égalité, on interdira le port du costume religieux. D'ailleurs, la vue de ces emblèmes que la superstition a inventés, pourrait exciter des troubles dans la rue et devenir un danger pour le repos public.

« Rien ne justifiant plus l'existence des communautés, et toute association occulte étant réprouvée par la loi, les congrégations religieuses devront se dissoudre. L'État sera leur héritier naturel, attendu qu'une personne morale ne peut tester.

« On comptait beaucoup, pour refaire les finances de la future république, sur la disparition de la Compagnie de Jésus ; mais je viens d'apprendre par un de mes amis, assurément bien informé, que le passif de ces religieux dépasse leur actif de près d'un million, et que, pour la plupart, les immeubles qu'ils occupent ne sont pas leur propriété. Il est donc certain que, de ce côté, il y aura déception, et que la république fera bien de n'accepter la donation que sous bénéfice d'inventaire.

« Viendra le tour du clergé séculier.

« Les membres de la gauche ont promis de laisser à tous les Français la liberté de prier. Gambetta s'est expliqué dans ce sens, et ceux qui gravitent autour de lui ont déclaré qu'ils n'attaqueraient pas les principes religieux.

« Ceci a besoin d'un commentaire. On n'interdit pas au citoyen de prier dans le silence de son domicile ; rien de plus légitime, et de plus inoffensif qu'un acte de ce genre. Mais l'Etat a le droit et le devoir d'interdire toute manifestation extérieure tendant à froisser la conscience des passants.

« Donc plus de processions, ni de pèlerinages. Les cloches de nos clochers devront rester muettes.

« Le culte public sera supprimé.

« Suivant le sage conseil de Michelet, le mari confessera sa femme, si la femme a envie de se confesser.

(A ces mots Mme Prudhomme fit un soubresaut très-significatif.)

« Le citoyen maire présidera, revêtu de son écharpe, les fêtes patriotiques.

« Le garde-champêtre baptisera les nouveau-nés, et le brigadier de gendarmerie à la sardine blanche bénira les jeunes époux.

« Le cantonnier présidera aux sépultures et veillera à ce qu'aucune goutte d'eau bénite ne soit répandue sur la fosse du défunt.

« La France ne sera plus qu'une succursale de Velleron, à la grande joie des séminaristes défroqués qui composent en partie les gauches de la chambre ou égaient de leur prose élégante les journaux libres-penseurs.

« J'ai oublié de vous dire que le budget du culte catholique sera supprimé, la république devant s'imposer le devoir de ne rien dépenser inutilement.

« Chacun sera libre d'écrire ce que bon lui semblera, pourvu néanmoins qu'il évite de critiquer les actes du pouvoir, et qu'il soit en tout et toujours de l'avis des ministres.

« Une des plus grandes réformes que nous prépare la démocratie est celle de l'impôt sur le revenu.

« Cela modifiera peut-être un peu l'état actuel de la propriété en France ; mais qu'importe ? Ce mauvais moment une fois passé, tout le monde sera tranquille... parmi ceux qui auront su tirer leur épingle du jeu.

« La famille elle-même subira une transformation ; car j'ai ouï-dire par des hommes bien renseignés que le divorce sera admis dans notre future législation.

A ces mots, M. Prudhomme eut un mauvais sourire. De coupables pensées venaient d'éveiller en lui les passions de sa jeunesse. Madame Prudhomme, qui s'en aperçut, allait faire un éclat, lorsque le président prononça la phrase sacramentelle : *La séance est levée.*

Les spectateurs entraînèrent dans les couloirs le couple conjugal qui ne dut pas, ce soir-là, dormir d'un sommeil paisible.

UNE OBJECTION.

Votre but, me dira-t-on peut-être, n'a pas été d'exposer une situation, mais de faire une charge. Vous avez exagéré toutes choses, sachant très-bien que la Chambre n'en viendra pas à de semblables extrémités. — La majorité est républicaine, nous ajouterons même que son républicanisme est avancé. Que conclure de là ? — Rien, si ce n'est qu'elle défendra de bec et d'ongle la forme de gouvernement que la France s'est donnée. Aller plus loin, c'est dépasser la limite du permis et s'exposer à calomnier des hommes qui, après tout et jusqu'à preuve du contraire, ont droit à notre estime. — Quel intérêt peuvent-ils avoir à bouleverser nos institutions de fond en comble ? Tous les gouvernements réguliers sont respectueux des droits acquis et des libertés légitimes. Or, la république est dans ce cas.

RÉPONSE.

Ma réponse sera très-simple.

Les endormeurs de la presse républicaine répètent, chaque jour, sous des formes diverses, les quelques banalités qu'on vient de lire. Le public les accepte, car il n'a qu'un seul désir, celui d'être tranquillisé. M. Prudhomme ne redoute rien tant que de voir s'envoler le bien-être dont il jouit. Il passe ses jours dans le repos et l'abondance, sans nul souci des événements qui ne menacent pas ses rentes.

Des principes, il n'en a jamais eu. Pour lui, l'honneur est un vain mot, un mot qui sonne creux, quand celui qui l'invoque n'est pas doré sur tranche.

Par instinct, il n'aime pas le prêtre. Le prêtre est un symbole d'abnégation, tandis que le bourgeois est pétri d'égoïsme. Ces deux éléments seront toujours antipathiques.

M. Prudhomme est riche, mais sa fortune est souvent une énigme, qu'il évite lui-même d'étudier de près.

Il a supplanté la noblesse, en 1789, et s'est parfois enrichi de ses dépouilles. Malheureusement il n'a pas hérité des qualités incontestables qui distinguaient les anciennes castes. Il ne possède ni leur courage, ni l'élégante simplicité de leurs manières. Les grands seigneurs dépouillés de leur fortune sont restés grands seigneurs. Le bourgeois même millionnaire ne cesse pas d'être boutiquier.

Fils de 89, il a sucé avec le lait le scepticisme de cette époque.

Il sent le besoin de flatter le peuple, afin de le tromper et quelquefois aussi d'échapper à ses griffes. Il s'est imaginé qu'en lui jetant en pâture des mots vides de sens et des plaisirs frelatés, il parviendrait à le museler.

Erreur, le lion conserve son indépendance, et lorsqu'il lui prend fantaisie de secouer ses liens et de manger son cornac, rien ne saurait l'en empêcher. Le bourgeois alors lève les bras au ciel et crie miséricorde.

Abjurant son voltairianisme, il salue le prêtre et va s'agenouiller à l'église. Il proteste que tout est perdu si le monde ne se convertit.

Le calme se fait. Le lion rentre dans sa cage, à la voix du despote qui le fustige, et que le bourgeois atterré appelle son sauveur.

La leçon a été dure et cependant elle n'a servi de rien.

M. Prudhomme revient à son scepticisme et reprend le cours de ses petites turpitudes avec le calme d'un homme qui voit le danger fini.

Le 24 février, il a eu peur d'être allé trop loin ; il s'est dit que la majorité radicale ne se bornerait pas à arrêter les *empiétements du clergé*, ce qui lui serait fort indifférent ; mais que, selon toute probabilité, il s'occuperait de questions économiques et financières, pour le malheur de la rente, de la propriété, du commerce et de l'industrie.

Puis il s'est ravisé.

Il s'est dit que la majorité de la chambre ne se composant pas exclusivement de bohèmes, les intérèts matériels seraient sauvegardés.

Les vues de M. Prudhomme ne vont pas au-delà de cet horizon.

Sa panique une fois calmée, il a poussé l'optimisme jusqu'à mettre en doute le mauvais vouloir de la gauche républicaine pour les institutions religieuses.

Les intransigeants ne seront pas les maitres de la situation, répète-t-il par manière de conclusion.

Je suis désolé, vraiment, de troubler le repos de M. Prudhomme, en dissipant ses illusions; mais mon devoir d'écrivain est de le ramener en face de la réalité.

L'extrème gauche et la gauche républicaine marcheront comme un seul homme contre l'Eglise catholique. S'il y a divergence, elle ne portera que sur la manière de procéder, la tactique de Gambetta n'étant pas la même que celle de Madier-Monjau. — Pour le fond, l'accord sera parfait.

Partout où la révolution a dù patronner des candidats relativement modérés, sa ligne de conduite a été la même.

Elle leur a dit : Vous aurez mon appui, mais voici mon programme. Etes-vous disposé à le défendre envers et contre tous?

Quelques-uns ont refusé, par délicatesse de conscience. — La plupart ont accepté.

Or, cette acceptation ne consiste pas en vagues promesses qu'il est possible d'éluder, le cas échéant.

Ce que veut le radicalisme est d'une précision qui ne laisse aucune prise à l'équivoque.

J'ai sous les yeux une dizaine de pièces signées par des hommes que l'on n'a jamais accusés de radicalisme et qui voteront néanmoins avec les radicaux, toutes les fois qu'il s'agira de l'Eglise et des réformes économiques rêvées par la révolution.

La rédaction de ces documents est l'œuvre d'un comité central. Chaque comité départemental a dû en accepter la forme et le fond. Les modifications que l'on y a apportées sont tellement insignifiantes qu'il me semble inutile de les signaler.

Le candidat qui sollicite le patronage de la secte, commence par déclarer qu'il accepte et fait sien le programme de la démocratie, programme dont voici les points principaux :

1° La déchéance de la dynastie impériale sera maintenue ;

2° La constitution ne devra jamais être révisée dans le sens d'une monarchie quelconque ;

3° On revendiquera *toutes les libertés politiques* supprimées par l'Empire et les gouvernements antérieurs ;

4° Parmi ces libertés figurent en première ligne :

La liberté de la presse ;

La liberté de réunion ;

La liberté d'association ;

La liberté des cafés et des cabarets (*sic*) ;

Les libertés municipales les plus larges ;

5° Le candidat s'engage à voter contre toute modification de la loi civile concernant le mariage dans le sens des idées cléricales ;

6° Il votera pour la *laïcité absolue* de l'enseignement à tous les degrés, lequel devra être obligatoire et gratuit ;

7° Il réclamera l'obligation du service militaire pour tous, *sans exception d'aucune sorte;*

8° Il devra demander la révision de l'impôt de manière à frapper le revenu ;

9° Le scrutin d'arrondissement sera remplacé par le scrutin de liste ;

10° Enfin l'amnistie et la levée de l'état de siége devront être réclamées impérieusement et votées dans le plus bref délai.

Cette déclaration est signée par le candidat que le comité républicain s'engage à patronner, et une copie en est délivrée à tout intéressé qui en fait la demande, afin qu'il puisse rappeler au signataire, le cas échéant, les termes du mandat impératif qu'il a accepté.

La perspective que nous offrent ces réformes n'a rien de rassurant.

Eh bien ! la majorité en poursuivra la réalisation avec une persévérance que rien ne lassera et un succès qui me paraît certain.

Que M. Prudhomme se livre, si cela lui plaît, à ses folles illusions.

Un coup de foudre l'en tirera bientôt.

FIN.

Bar-le-Duc. — Typographie BERTRAND.

www.ingramcontent.com/pod-product-compliance
Lightning Source LLC
Chambersburg PA
CBHW061713060726
47597CB00006B/2354